# Steps to Academic Presentations

Japan Society for Multicultural Relations

Reiko Takeda

Mira Simic-Yamashita

Tomoko Yashima

EIHŌSHA

**音声ファイルのダウンロード方法**

英宝社ホームページ (http://www.eihosha.co.jp/) の
「テキスト音声ダウンロード」バナーをクリックすると、
音声ファイルダウンロードページにアクセスできます。

## Preface

# Academic Presentationsへの誘い

　近年、全国の多くの大学で英語科目のカリキュラムの改正が進んでいます。その中で、英語でのスピーチやプレゼンテーションを指導する授業も増えてきました。本書は、何かの研究課題（あるいは実証研究）に取り組もうとしている文系学部（心理や教育など）の2年生以上の学部生や大学院生を対象に、英語のプレゼンテーションの授業で使っていただけるように書かれています。発表の形態もさまざまありますが、本書では学術的な発表の方法を紹介し、実践練習ができるように構成されています。俗に「習うより、慣れろ」と言いますが、本書では「習いながら慣れる」、つまりプレゼンテーションについて学びながら演習を進めます。

　本書の執筆に至った経緯を説明しましょう。

　多文化関係学会（Japan Society for Multicultural Relations）の年次大会では、例年、会員による日本語の研究発表が大半を占めていました。そこで2015年10月に岡山大学で開催された大会では、初の試みとして、大学院生や若手研究者のために英語で社会科学系の研究を発表できる場を設けました。

　母語も研究分野も異なる4人の発表者は、応募したアブストラクトの採択後、約2ヶ月間かけて、ミラ・シミッチ山下先生（岡山大学）よりメールでご指導を受けながら準備を進めました。そして「ラウンドテーブル」という特別企画で、成果を英語で発表しました。発表後、八島智子先生（関西大学）からのフィードバックを基に、発表者はさらに研究発表のための英語力に磨きをかけ、研究への取り組みに役立ったとのことです。

　本書では、「ラウンドテーブル」の発表者への指導内容を中心に構成されています。本書の特色として、学術的な発表に不可欠なAbstractの書き方、Chunkingという記憶法、そして発表後の質疑応答や評価なども含め、発表前及び発表後の重要なステップにも言及しています。

　尚、本書の各Unitには、TaskやPracticeがあります。皆さんの専門分野は多岐にわたることと思われますが、本書では練習の継続性を考慮し、ひとつの専門分野で

iii

練習ができるように執筆しました。多くの学生が今後、日本語と英語のバイリンガル
で活躍できることを願い、本書のテーマにはBilingualismを選びました。

　本書の出版にあたっては多くの方々が支えてくださいました。このテキストの出版
を提案してくださいました田中共子先生（岡山大学）と奥西有理先生（岡山理科大学）
に感謝いたします。またUnit 8のスライドの使用を快諾してくださいました奴久妻駿
介氏（一橋大学博士後期課程）にはお礼を申し上げます。最後になりますが、本企
画の実現に導いて下さいました英宝社の佐々木元社長、編集の下村幸一さん、営業
の高野雄一郎さんにも改めて感謝いたします。

　本書が、英語での研究発表に取り組む多くの大学生・大学院生の皆さんの一助と
なるよう願います。

著者代表
武 田　礼 子

# Contents

**Preface** Academic Presentationsへの誘い ································· iii

**Unit 1** Academic Presentations：種類と目的 ················· 1

**Unit 2** Presentations：スタイルと効果 ··························· 6

**Unit 3** Abstractの執筆 ················································· 12

**Unit 4** Presentation manuscriptの執筆：(1) Introduction ·········· 18

**Unit 5** Presentation manuscriptの執筆：(2) Body ·············· 24

**Unit 6** Presentation manuscriptの執筆：(3) Conclusion··········· 28

**Unit 7** Chunking の記憶法 ········································· 35

**Unit 8** Visuals（スライド）の作成 ······························ 41

**Unit 9** Delivery & Pronunciationをわかりやすく ············· 46

**Unit 10** Questions & Answers：基礎編 ·························· 52

**Unit 11** Questions & Answers：応用編 (1) ····················· 57

**Unit 12** Questions & Answers：応用編 (2) ····················· 63

**Unit 13** Next steps ·················································· 69

# Academic Presentations:
# 種類と目的

**Objective**

アカデミック・プレゼンテーションには、目的に応じた発表の形式があることを学びましょう。次のtaskについて英語でディスカッションをしましょう。

## Task 1

**What kind of topics are you interested in? Why?**

**Which topic would you choose for your presentation? Why?**

一般的に「アカデミック・プレゼンテーション」と呼ばれている学術的な発表には、目的に応じて、いくつかの種類があります。

**Task 2** 大学の内外を問わず、これまで聞いたことがある発表を思い出してみましょう。どのような発表でしたか?

パワーポイントを使った発表 (Yes / No)

プリントを配布して進めた発表 (Yes / No)

ポスターを使った発表 (Yes / No)

複数の発表者による発表 (Yes / No)

その他の発表

学術的な研究発表には目的に応じて、以下のような代表的なものがあります。

## 1. 口頭発表

もっとも一般的な学術発表の形式が口頭発表です。多くの場合、研究の目的から始まり、研究方法、結果 (データ) や考察の後、結論で締めくくる、という流れで行います。

- 発表 (15分～20分) の後、質疑応答の時間 (5分～10分前後) が設けられています。しかし時間が限られているため、聴衆とのディスカッションや交流を目的とはしていません。
- ひとつの口頭発表がひとつの会場に割り当てられているため、同じ時間帯に同じ会場内で複数の口頭発表が行われることはありません。

- 多くの場合、発表者が司会者を兼ねますが、学会によっては他の司会者が発表者を紹介することもあります。そのため同一、または類似した分野の複数の発表が前後して、同じ会場にスケジュールされます。

## 2. ポスター発表

多くの学会では、口頭発表以外に、ポスター発表の枠を設けています。

- ポスター発表とは発表の場であると同時に、聴衆とのディスカッションや自由な交流もあり、質疑応答も随時可能です。
- 広い会場で指定された壁や衝立にポスターを貼り、他のポスター発表者との発表が同時進行で行われるため、会場は活気に溢れています。
- ポスター発表も口頭発表と同様、研究の目的から始まり、研究方法を紹介しますが、研究の途中経過の発表を行うこともあります。
- 学会により異なりますが、ポスターの掲示時間は長くなります（通常1時間半から2時間）。ただし掲示時間内に実際に発表者が話す時間は1時間から1時間半ぐらいです。

## 3. ラウンドテーブル

海外の学会で頻繁に見られる様式です。文字通り、円卓を囲んでインフォーマルで活気のある自由な雰囲気での発表が行われます。

- 口頭発表と違い、ラウンドテーブルでは、取り組み始めたばかりの研究課題を紹介することも出来ます。
- 研究が完了していない発表者のために、聴衆から研究方法などに関するアイディアやフィードバックを聞けることを目的とし、それが今後の研究の参考にもなります。
- 通常、30分間の発表枠で同一、または類似した分野より2人の発表者が15分ずつの発表を行います。多くの場合、10分弱の発表時間のあと5分の質疑応答やディスカッションが続きます。

## 4. パネルディスカッション

2人から4人の発表者が、同一、または類似したテーマを異なる角度や立場から発表する形式です。

- 発表者はそれぞれの研究を発表し、そのあと発表者全員の見解をまとめることが多いのが特徴です。
- 通常、1人が20分から30分間の発表の後、次の発表者も同じ持ち時間で発表します。最後の発表者のあと、5分から10分前後の質疑応答の時間が設けられていることもあります。

このテキストでは準備の進捗状況に関わらず、口頭発表の演習があります。
英語での発表に慣れるために、最初に英語での自己紹介をしましょう。

**Next steps** You will introduce yourself to your classmates for 3 minutes.
First, take some notes on the following:

**What is your name and what do you do?【Self-introduction】**

**What kind of studies are you interested in?【Academic interests】**

**What do you hope to find out?【Academic pursuits】**

**Oral practice** | Sample

    My name is Yuko Suzuki and I am a student at Japan International University. I major in intercultural studies. As a young child, I used to live in Texas, in the United States. The city where I used to live was close to the border of Mexico. Therefore, my elementary school had many children who spoke Spanish. At the time, however, I never understood why these children spoke Spanish but did not speak English. 【**Self-introduction**】

    Even after coming back to Japan, I have always been interested in speaking English and communicating with foreigners from other countries. However, when I started working as a volunteer in my city's international center, I met foreigners who didn't speak English or Japanese. Because they were people from Spanish-speaking countries who only spoke and understood Spanish, at first, I didn't know how to help them. Slowly I started to communicate with Spanish speakers through gestures and simple words I learned in my Spanish class in university. I then remembered my classmates from Texas. 【**Academic interests**】

    Now, I am taking classes in intercultural studies and bilingualism. I want to study and research more about the background of Spanish speakers in the United States because there may be something we can learn in Japan about how to help and work with foreigners in Japan. 【**Academic pursuits**】

# Presentations:
# スタイルと効果

**Objective**

プレゼンテーションのスタイルと効果について学びましょう。どちらもプレゼンテーションを聴く、そしてプレゼンテーションを行う立場を考えながら学びます。

**Task 1** What kind of presentations have you heard? Match the <u>style of presentation</u> on the <u>left</u> with the type of presentation on the <u>right</u>.

| STYLE | TYPE |
|---|---|
| 即興 | • TED Talk |
|  | • ニュースのアナウンサー |
| 原稿を読む | • 大学の授業 |
|  | • 新商品の発表 |
| 原稿を暗記する | • ニュースのレポーター |
|  | • 大学の説明会 |
| スライドを見る | • その他 |

これらのプレゼンテーションのスタイルにはメリットもありますが、デメリットもあります。それを予め知った上で準備を進めると良いでしょう。

| | メリット | デメリット |
|---|---|---|
| 即興 | ・準備時間がない時には最適<br>・原稿を持たないので聴衆とのアイコンタクトを取れる<br>・自然な話し方で進める | ・内容にまとまりが欠ける<br>・スライドなど視覚的資料がなく聴衆には物足りないこともある |
| 原稿を読む | ・内容の精度が高いので正確に伝わる<br>・スムーズに進められる | ・原稿の作成に時間がかかる<br>・聴衆とのアイコンタクトを取れない<br>・話すペースが一定なので自由にコントロールできない |
| 原稿を暗記する | ・内容の精度が高いので正確に伝わる<br>・スムーズに進められる<br>・聴衆とのアイコンタクトを取れる<br>・発表者に対する信頼も高い | ・原稿を暗記するまで時間がかかる<br>・暗記した内容を思い出せないこともある |
| スライドを見る | ・スライドと聴衆を交互に見ながらアイコンタクトが取れる<br>・自然に話せて、話すスピードも自由にコントロールできる | ・スライドの作成に時間がかかる（フォントのサイズ、スライドの色とフォントの色のバランスなど）<br>・発表内容とスライドの内容が一致しないこともある |

## Task 2

**これまで聴いたプレゼンテーションの中で、どれが印象に残りましたか？どのようなテーマでしたか？**

**発表者はどのスタイルでプレゼンテーションを行いましたか？**
**（即興、原稿、スライドの使用など）**

次に学術的なプレゼンテーションの効果について学びましょう。
プレゼンテーションをすることには次のような効果があります。

## 1. タイムリーに公表できる

- 理系や工学系の専門分野であれば、新しい知見が得られても、論文を執筆して学術雑誌で採択され、刊行物が出版されるまでに時間がかかります。技術の進歩も速く、新しい知見が得られると、出版までに間に合わないこともあります。
- このようにタイムリーに公表していく必要があるため、プレゼンテーションは重要な手段になります。

## 2. 研究内容の進捗報告ができる

- プレゼンテーションでは、研究の結果が出るまで発表できない、ということはありません。
- 新たに始める研究に対して聴衆よりアドヴァイスを求めることも、また現在取り組んでいる研究の途中経過に対するフィーバックを受けることもできます。

## 3. プレゼンテーション終了後のフィードバックより学ぶ

- 通常、ゼミの発表では、指導教授や所属する学生からのフィードバックを受けることができます。
- 学会では発表の種類を問わず、プレゼンテーション終了後は、質疑応答の時間を設けます。新規の研究、また研究の途中経過の発表後の質疑応答に基づき、研究や発表内容を修正することもできます。
- さらに少人数の聴衆を対象に行うポスター発表では、その時に聴衆がいちばん関心を持ったことを反映させて修正できます。
- フィードバックの結果、テーマを広げたり絞ったり、また調査方法や分析を見直すこともできます。

## Task 3

**Chose 2 topics you are interested in.**

1.

2.

**Write what you know about them.**

1.

2.

**Next steps** You will introduce yourself to your classmates for 3 minutes. First, take some notes on the following:

**What is your topic?　〔Topic〕**




**Why are you interested in this topic?　〔Reason〕**




**What do you plan to find out about this topic?　〔Expected learning〕**

**Oral practice** | Sample

My name is Yuko Suzuki and I am a student at Japan International University. I am currently interested in the topic of bilingualism. Bilingualism refers to the ability to communicate in two languages. I know many people who are bilingual in Japanese and English. However, what I would like to know is what makes people bilingual. 【Topic】

I used to believe that bilingual people were those who were fluent in two languages and sounded like native speakers in both languages. But I have met many, who do not speak like native speakers, but are confident and comfortable with either language. I wonder whether there are any internal reasons, such as one's emotions, which can have a positive and or negative impact on one's bilingualism. I would also like to know if external reasons, such as learning the language while living overseas, living in an environment where there are many speakers of both languages, can also make a difference in one's level of bilingualism. 【Reason】

Through this research, I hope to learn about what leads to bilingualism. Because English is a subject which will be introduced in Japanese elementary schools, I hope that my research can help younger students become more interested in English. 【Expected learning】

# Abstractの執筆

**Objective**

Abstractは、プレゼンテーションの要約にあたる非常に重要な部分です。Introduction, Methods, Results, Conclusion（Unit 4から6を参照）の研究（または実験）内容を入れ、プレゼンテーションの「売り」が何かを明確に書きます。ここでは、練習のために一段落のAbstractを書いてみましょう。

学術会議でプレゼンテーションを希望する際、通常、Abstractを提出して応募し、採択されるとプレゼンテーションの機会が与えられます。

**Task 1** 学術会議や研究会で「聴いてみたい！」と思うプレゼンテーションを選ぶ時のポイントは何ですか？

題目（Yes / No）

専門分野（Yes / No）

研究方法（Yes / No）

発表者（Yes / No）

その他

## 学術会議でのAbstractが果たす役割とは？

### 1. 内容に興味を持ってもらうこと

- 学術会議の出席者は限られた時間内の中で、より多くのプレゼンテーションを聴きたい、と考えています。そのため、Abstractに書かれている内容は重要な役割を果たします。
- 長さや字数（ワード数）制限は学術会議により違いますが、文系の場合、英字約250から300ワードと指定されます。その限られた情報から、出席者はそのプレゼンテーションを聴くかどうか、判断します。
- 聴衆に興味を持ってもらえるプレゼンテーションにするには、興味を持ってもらえるようにAbstractを書くことも極めて重要なポイントになります。

### 2. 論文の代わりに、Abstractを掲載することで研究内容を公表する

- 抄録集を発行する学術会議では、長いAbstractを掲載することで論文の代わりになることもあります。
- その場合、ワード数も多く、Introduction, Background, Methods, Results, Conclusionなどがより詳しく書かれています。

## Abstract

次にAbstractの構成を詳しく紹介します。一般的に、学術会議の英語のプレゼンテーションのAbstractは、250から300ワードが目安とされています。

### 1. タイトル

簡潔に、研究課題が伝わる分かりやすいタイトルをつけましょう。

### 2. 著者（研究者）の情報

研究者名、所属（大学名、学部学科名、学年）、メールアドレスを入れます。

### 3. 研究の背景

どのような研究の発表するのか、その重要性を1文から2文で説明しましょう。

### 4. 具体的な疑問点、または課題

研究した疑問点、または課題について詳しく書きましょう。

Unit 3　13

## 5. 方法

どのような方法で何を調査したか、簡潔に書きましょう。

## 6. 結果

調査の結果を説明しましょう。

## 7. 結論

取り組んでいる研究の疑問点・課題を纏めましょう。

## 8. キーワード

関連するキーワードを2から3ワード(学術会議によっては5ワード) 選びましょう。

**Task 2** 次の Abstract のサンプルで、対応する部分を上記 1～8 (タイトル、研究者の情報、研究の背景、具体的な課題、方法、結果、結論、キーワード)より選び、書き出しましょう。(分野は学校教育です)

The effect of time spent on homework
and student performance in math
Ken Suzuki
Fourth Year Student
Faculty of Education, ABC University
ksuzuki@abc.ac.jp

Research indicates that the length of instructional time and the time students spend to study a particular school subject can have a positive influence on their performance. In this study, the effect of time which Japanese high school students spent on their homework and their performance in math has been researched. The participants of this study reported how many minutes they spent on their math homework every night. The number of minutes on homework was added to the number of minutes they spent on independent work during class time, which the teachers reported. Results show that there was a direct relationship between the number of hours per week students spent on their homework and the total score they received for each unit of their study. This research concludes that students can have an effect on their performance in math by controlling the time they spend on their homework.

Keywords: homework, math, time

**1. タイトル**

**2. 著者（研究者）の情報**

**3. 研究の背景**

**4. 具体的な疑問点、または課題**

**5. 方法**

**6. 結果**

**7. 結論**

**8. キーワード**

Abstractを書くにあたり、次のチェックリストの注意点を確認しましょう。

□ タイトルには、研究テーマがわかりやすく書かれているか？
□ 問題点及び研究したいことに触れているか？
□ 指定されたワード数の範囲内で書かれているか？
□ 結論が書かれているか？
□ 他の分野の聴衆にも理解できるように書かれているか？

Unit 3　15

**Next steps** You will practice writing a short abstract (150 words) on your research.

**Title**

**Researcher's information**

**Background of research**

**Research question**

**Research method**

**Results**

**Conclusion**

**Writing practice** | Sample

### Title
The effect of returning to one's home country on one's bilingualism

### Researcher's information
Yuko Suzuki, Student, Faculty of Languages, Japan International University; ysuzuki@jiu.ac.jp

### Background of research
Research indicates that the effect of return to one's home country has an effect on one's bilingualism. 【17 words】

### Research question
In this research, language attrition, which refers to the loss of one's language is studied from the perspective of a mother of a bilingual child. 【25 words】

### Research method
The participant is a Japanese bilingual child who lived in Canada for six years, from age 3 to 9. The bilingual child's mother participated in an interview one year after returning to Japan from Canada. 【35 words】

### Results
The results of the interview with the mother indicate that the child underwent the process of language attrition due to the following reasons: lack of peer and siblings to practice English with, the lack of language models at school and home, and the lack of any opportunity to speak English. 【50 words】

### Conclusion
The research concludes that there are many causes for one's language attrition. Implications include what can be done to reverse language attrition. 【21 words】

**Oral practice**

書き終わったあとクラスメートとAbstractを交換し、お互いに読み合い、理解できるよう確認しましょう。

Unit
# 4

# Presentation manuscriptの執筆:
# (1) Introduction

### Objective

Unit 4ではUnit 3で作成したAbstractをベースに、プレゼンテーションの原稿を書き始めましょう。原稿は必ず書かなければならない、ということはありませんが、書くことで多くのことを学べます。

**Task 1** プレゼンテーションの原稿を読み上げる、そして暗記することのメリットとデメリットを思い出しましょう。(Unit 2 を参照)

| 原稿を読み上げること |
| :--- |
| ・メリット |
| |
| ・デメリット |
| |

| 原稿を暗記すること |
| :--- |
| ・メリット |
| |
| ・デメリット |
| |

Task 1では、原稿を読み上げる、または暗記することによるメリットとデメリット
を振り返りました。ここからは原稿を作成するメリットを考えてみましょう。

## 1. プレゼンテーションの内容に自信が持てる

原稿を作成することで、プレゼンテーションの内容にも詳しくなります。適切な
語彙を選び、いつ、何をどのように話すか、などの判断もしやすくなります。そう
することで、自信がつきます。

## 2. 内容を理解することで調整ができる

原稿を作成すると、以下の確認と調整ができます。
- 発表時間
- 語彙の発音
- 長すぎる、または複雑すぎる文章の修正
- スライドから次のスライドへの流れの調整
- 不要な繰り返しの削除
- 内容の時間配分の調整
- 専門用語や文章をわかりやすく工夫
- わかりやすい具体例を追加
- 聴衆の興味を持続させる工夫

## 3. プレゼンテーションの制限時間を守る

会場でプレゼンテーションのスケジュールは詰まっているため、割り当てられた
時間内に終わらせることが発表者として守るべきマナーです。原稿をあらかじめ準
備することで、時間通りのプレゼンテーションが行いやすくなります。

## 4. 構成が確認できる

原稿を準備することで、聴衆にわかりやすい構成を考えることができます。そう
することで、内容に合わせてスライドの順番も入れ変えたり、削除もできます。

Unit 4　19

**Task 2** Unit 3で書いた Abstract のサンプル (Next steps) を書き写しましょう。これを元にして発表の原稿を作成します。

---

**The 3T Rule**
英語のプレゼンテーションでは、「3つのTのルール」(The 3T rule) と呼ばれる次のルールがあります。

**"Tell them what you are going to tell them; tell them; tell them what you have told them."**
（まず、これから何について話すかを伝える。次にそれを伝える。最後に何について話したかを伝える）

　つまり主要なポイントを、Introduction (導入部)、Body (本論) そして Conclusion (結論) で、合計3回話し、聴衆の印象に残るようにします。
　尚、プレゼンテーションを聴いている時の聴衆の集中力が最も高いのはIntroduction と Conclusion であり、その時に強調したいことを伝えるのは大変有効です。

20

では、最初のIntroduction の詳しい内容を紹介しましょう。
（BodyとConclusionはこの先のUnit 5とUnit 6で紹介します）

## Introduction

Introductionは全体像を紹介します。このIntroductionでは、専門性が高くない英語で表現するのが良いと言われています。

Introductionでは、研究の**背景**や**問題提起**に触れましょう。つまり、何がきっかけでトピックに興味を持ち、それを選んで研究を始めようとしたか。そして**研究目的**について話しましょう。

### 背景

• **"The question of (問題点A) has been widely debated in the field of (分野B) with scholars such as (専門家C) and (専門家D) arguing that (論点E) ."**

「(問題点A) は (分野B) において活発に議論されてきており、(専門家C) や (専門家D) のような研究者は、(論点E) について論争を繰り広げている。」

• **"Researchers, such as (専門家C) and (専門家D) , have investigated the issue of (問題点A) in the field of (分野B) , arguing that (論点E) ."**

「(専門家C) や (専門家D) などの研究者は、(分野B) において (問題点A) について調査しており、(論点E) だと論争を繰り広げている。」

### 問題提起

• **"However, these arguments (or perspectives) have not adequately addressed the issue of (問題点A) ."**

「しかしながら、これらの議論（または観点）から、(問題点A) は充分議論されているとは言えない」

• **"The (問題点A) issue is rarely explored from the point-of-view of (視点F) ."**

「しかし、(問題点A) は (視点F) の観点からは殆ど探求されていない。」

Unit 4　21

**研究目的**

- "**My presentation addresses the issue of** (問題点 A) **with a focus on** (視点 F)**.**"

「本発表では、(視点 F) に焦点を当てて、(問題点 A) について解明することを目的とします。」

- "**The purpose of my presentation is to introduce the issue of** (問題点 A)**, by focusing on** (視点 F)**.**"

「本発表では、(視点 F) に焦点を当てながら、(問題点 A) の問題を紹介することを目的とします。」

- "**It is expected that the research on** (視点 F) **will help find answers for the issue of** (問題点 A)**.**"

「(視点 F) の研究が、(問題点 A) について解明することが期待されます。」

**Next steps** You will practice writing an Introduction to your presentation.

| 背景 (Background of research) |
| --- |
|  |

| 問題提起 (Issue or gap in research) |
| --- |
|  |

## 研究目的 (Purpose of research)

**Writing practice** Sample

　　The topic of language attrition has been debated in bilingualism by Tomita (2000) and Yamada (2005). They argue that language attrition is a linguistic issue. 【**Background of research**】

　　However, these perspectives have not adequately addressed the issue of language attrition. Research indicates that the effect of returning to one's home country has an effect on one's bilingualism. 【**Issue or gap in research**】

　　My presentation addresses the issue of language attrition from a socio-cultural perspective. In this presentation, language attrition, or the loss of one's language is studied, based on an interview with a bilingual child's mother. 【**Purpose of research**】

**Oral practice**

書き終わったあとクラスメートとIntroductionを交換し、お互いに読み合い、理解できるよう確認しましょう。

# Presentation manuscriptの執筆：(2) Body

**Objective**

時間が限られたプレゼンテーションをどのように組み立てるか、Introductionに続くBodyについて学びましょう。組み立て方次第で、トピックにどれだけ詳しいかが聴衆に伝わることでしょう。

**Task 1** Write the Introduction you wrote in Unit 4 (Next steps). Then answer the following questions.

**Introduction (p.22)**

**1. Why did you research this topic?**

## 2. What did you intend to find out?

> 最初の質問である Why did you research this topic? に対して、自分の研究が他の研究と違う点を考えて答えましょう。

## Body

次にBodyでは、研究の参加者、方法、そして結果を紹介します。
ここでは Introduction よりも専門性の高い英語で書きましょう。

### 参加者

- "There were (<u>N students</u>) who agreed to participate in this study. They are students taking an Oral English class at (<u>ABC University</u>)."

  「本研究には(<u>学生N人</u>) が協力に合意した。その学生は (<u>ABC大学</u>) でオーラル・イングリッシュの科目を履修している。」

- "The participant of this study was (<u>one Japanese female university student</u>) ."

  「本研究の参加者は一人の (<u>日本人女子大学生</u>) である。」

### 方法

- "A (<u>questionnaire</u>) was administered to the study participants."

  「本研究の参加者に対して (<u>アンケート</u>) が実施された。」

- "I (<u>interviewed</u>) Japanese university students who are have studied abroad for over 6 months."

  「日本語とスペイン語のバイリンガルの大学生に対して (<u>面接を実施した</u>)。」

Unit 5　25

結果

- **"Analysis revealed that participants were not balanced bilinguals."**

  「(分析では〜) 参加者はバランスが取れたバイリンガルではなかったこと (〜が明らかになった。)」

- **"Results show that the study participants were stronger in Japanese than in English."**

  「(結果は〜) 研究参加者が英語より日本語が得意であることを(〜示している。)」

**Task 2** これから準備するプレゼンテーションで、どのようなBodyを想定していますか? すべてが決まっていなくても、考えていることだけでも書きましょう。

参加者 (Participants)

方法 (Methods)

結果 (Results)

**Next steps** Write the Body, which comes after the Introduction you wrote in Unit 4 (Next steps). For your Body, trying using the expressions in Unit 5.

Writing practice  Sample

    The participant of this study was a Japanese child and his mother. The child is a nine-year old male, whose first language is Japanese. Both of his parents are Japanese. The child acquired English when he lived in Canada. This is because the family lived there due to the father's business. 【Participants】

    Language attrition takes place over a long period of time. Therefore, I interviewed the mother and child on separate occasions. The interview with the mother took place once a month for 12 months. I also interviewed the child. This is to check that the responses matched the mother's perception of the child's language attrition. 【Methods】

    I analyzed the interviews with both mother and child and they revealed two things. First, the mother's observation of the child's language attrition matches the child's production of the English language at home. However, the interview with the mother did not show any evidence regarding the child's language attrition at school. This is because nobody at school speaks English. 【Results】

Oral practice

書き終わったあと、クラスメートとBodyを交換し、お互いに読み合い、理解できるよう確認しましょう。

Unit 5　27

# Presentation manuscriptの執筆：
# (3) Conclusion

### Objective

Unit 4ではIntroduction、Unit 5ではBodyを学びました。このUnitでは自分の研究がどのように専門分野に貢献するのかを含むConclusionの書き方を学びましょう。

**Task 1** Copy the Sample Body from Unit 5 (Writing practice). Then answer the following questions.

**Sample Body (p.27)**

1. What does it say in the Results section?

**2. Based on the Results section, which data of the child <u>matched</u> the mother's interview?**

**3. Based on the Results section, which data of the child <u>did not match</u> the mother's interview?**

**Task 2**  This time, copy your Body from Unit 5 (Next steps). Then answer the following questions

**Your Body (p.26)**

**1. What did you write in your Results section?**

Unit 6   29

## 2. What do you think is important about your results (in your field of research) ?

## Conclusion

最後のConclusionでは、研究目的に対する答え、そして研究が示唆することについて論じます。ここでも専門性の高い英語が求められます。

結論

• "In conclusion, by interviewing the participants, this study (sheds new light) on the understudied issue of (問題点A)."

「参加者を面接することで、本研究は (問題点A) という研究されなかった問題を (解明した) と結論づけられる。」

Task 3　これから準備するプレゼンテーションでは、どのようなConclusionを想定していますか?

結論 (Conclusion)

次の英語の結論を見ましょう。まず BEFORE に書かれている文章は長すぎるため、話すときはブレスを入れるのが難しく、言いにくそうです。実際に声を出して読んでみましょう。どうでしょう?

## BEFORE

Based on the data that local government published that I collected, which was analyzed with econometric methods, results show the reasons of poverty, which were low employment rates, and found the difference between the poverty of the two regions. The effect of anti-poverty programs and policies will also be checked.

(50 words, 2 sentences)

これを短い文章に区切り、書き換えてみましょう。例えば能動態で…

The local government published data...
I collected the data that the local government published...
I analyzed the data...
I analyzed the data with econometric methods ...
The results show the reasons of poverty...
The employment rates were low...
The reasons of poverty were low employment rates ...

では BEFORE のつづき（最後の3行）を書き換えてみましょう。

Unit 6　31

次に短く区切った文章を少しずつ、つなげてみましょう。例えば…

The local government published data, which I collected...
I analyzed the data which I collected...
I used econometric methods and analyzed the data...
I analyzed the data with econometric methods ...
The results show the reasons of poverty which were low employment rates ...

ではつづきを書いてみましょう。

最後に、2つから3つの文章をつなげて、結論を書いてみましょう。以下の
AFTERのようなsample では、BEFOREに比べると、ワード数が少し増えますが、
文章も増え、言いやすくなります。実際に声に出して読んでみましょう。

### AFTER

After I collected the data published by the local government, I analyzed them using econometric methods. From my analyses, I found out that major reasons of local poverty were the low employment rates. Then I found out how different poverty was between the two regions. Based on that, I concluded that local anti-poverty measures were effective.

(56 words, 4 sentences)

ここまでの、Introduction → Body → Conclusion を振り返りましょう。次の
チェックリストを確認しながら、注意しましょう。

☐ このトピックを選んだ理由は？

☐ このトピックに関して、聴衆に何を伝えたいのか？

☐ どのようにすれば、私の専門分野以外の聴衆に、興味を持ってもらえるのか？

☐ どのような先行研究に影響を受けたか？

☐ どのように仮説（研究目的）を検証したのか？

☐ 検証する際、どのような問題があったのか？

☐ どのような結果が出たか？

☐ 出た結果は研究目的と一致したか？

☐ この研究結果は、私の専門分野にどのような影響を与えるのか？

☐ この研究結果は、私の専門分野にどのように応用できるのか？

☐ まだ解決できていない疑問点はあるか？

☐ この先、何を研究する予定か？

**Next steps** Write the Conclusion, which comes after your Body from Unit 5 (Next steps). For your Conclusion, try using the expressions in Unit 6.

Unit 6    33

**Writing practice** Sample

　　In conclusion, the interviews with the mother and bilingual child shed new light on language attrition. The interview with the mother about home language shows that language attrition progresses fast. However, the child's interview reveals that it is difficult to say school has an effect on the child's language attrition.　**【Conclusion】**

**Oral practice**

書き終わったあと、クラスメートとConclusionを交換し、お互いに読み合い、理解できるよう確認しましょう。

# Chunkingの記憶法

**Objective**

プレゼンテーションの原稿の内容をすべて暗記することなく、自然に発表できるChunking(チャンキング)の方法を身につけましょう。その秘訣は暗記ではなく、記憶にあります。

**Task 1** Unit 1（またはUnit 2）のNext stepsの練習で書いた内容を書き写しましょう。

**Next steps**

> **英語でのプレゼンテーションをするとき、頭は大忙し?!**

**Task 2** | Task 1で書き出したNext steps（Unit 1 or 2）内容を、改めて英語で
プレゼンテーションする時、Task 2の次のことを意識しましょう。
プレゼンテーションが終わったあなたは…

英語で話したことは聞こえていましたか？（Yes / No）

発表内容は思い通りに伝えられましたか？（Yes / No）

研究内容を覚えていましたか？（Yes / No）

原稿を覚えていましたか？（Yes / No）

原稿とスライドは一致していましたか？（Yes / No）

パソコンの操作はスムーズにできましたか？（Yes / No）

アイコンタクトは取れましたか？（Yes / No）

そのほかに、プレゼンテーションの最中に意識したことはありますか？

プレゼンテーションが終わって、ほかに気がついたことはありますか？

> 英語でプレゼンテーションをするときは、自分の発表を行うと同時に、自分の発表内容も聴いています。しかしそれは脳に負担がかかり、大変疲れる作業です。

　脳への負担を減らしながら、自然に英語でプレゼンテーションができるChunking（チャンキング）という記憶術を紹介します。Chunkingを身につけて、スムーズなプレゼンテーションができるように練習しましょう。

### まずChunkingとは何でしょう？

1. 語彙の暗記の実験が繰り返され、人は7語前後（正確には7プラス・マイナス2）の語彙を記憶できるとの結果が出ました。
2. 7つの情報のひとつひとつの塊をChunk（チャンク）と呼びます。
3. つまり、人には5つから9つの情報の塊（＝チャンク）を記憶する能力があります。
4. Chunkingの原理を応用したプレゼンテーションをするには、原稿を5つから9つの塊に分けましょう。

**参考例：Chunking前** Unit 2 **Oral Practice** Sample

(1) My name is Yuko Suzuki and I am a student at Japan International University. I am currently interested in the topic of bilingualism. /

(2) Bilingualism refers to the ability to communicate in two languages. /

(3) I know many people who are bilingual in Japanese and English. However, what I would like to know is what makes people bilingual. /

(4) I used to believe that bilingual people were those who were fluent in two languages and sounded like native speakers in both languages. /

(5) But I have met many, who do not speak like native speakers, but are confident and comfortable with either language. /

(6) I wonder whether there are any internal reasons, such as one's emotions, which can have a positive and or negative impact on one's bilingualism. /

(7) I would also like to know if external reasons, such as learning the language while living overseas, living in an environment where there are many speakers of both languages, can also make a difference in one's level of bilingualism. /

(8) Through this research, I hope to learn about what leads to bilingualism.

Because English is a subject which will be introduced in Japanese elementary schools, I hope that my research can help younger students become more interested in English. /

次に、それぞれのチャンクの中で、キーワードやキーフレーズを選びましょう。もう一度、Chunkingの参考例に戻りましょう。

(1) My name is Yuko Suzuki and I am a <u>student</u> at <u>Japan International University</u>. I am currently <u>interested in</u> the topic of <u>bilingualism</u>. /

まず (1) の塊ですが、選んだキーワードやキーフレーズをアンダーラインしました。

student
Japan International University
interested in
bilingualism

　まず、これらのキーワードとキーフレーズを記憶しましょう。そして思い出しながら、このチャンクを英語で伝えてみましょう。（注意：一語一句、正確でなくてもOK）。例えば…

　　→ I'm Yoko Suzuki. I'm <u>studying</u> at <u>Japan International University</u>. I'm <u>interested in</u> <u>bilingualism</u>.

…のように本来の原稿との違いが多少あっても、意味が通じれば大丈夫です。

では、次のチャンクは、どのように言い換えればいいでしょうか?

(2) <u>Bilingualism</u> refers to the <u>ability</u> to <u>communicate</u> in <u>two languages</u>. /

　→<u>Bilingualism</u> means that someone is <u>able</u> to <u>communicate</u> in <u>two languages</u>.

…でもいいですね。

では、(3) から (8) のチャンクはどうでしょう?（Unit 7の終わりを参照）

**Next steps** Task 1 で書いた Unit 1（またはUnit 2）のNext stepsの内容を書き出してみましょう。
　　書いた内容を5つから9つのチャンクに分け、それぞれのチャンクの中でキーワードやキーフレーズを選び、アンダーラインしましょう。

**参考例：Chunking後** | Unit 2 | **Oral Practice** | Sample

(1) I'm Yoko Suzuki. I'm <u>studying</u> at <u>Japan International University</u>. I'm <u>interested in</u> <u>bilingualism</u>.

(2) <u>Bilingualism</u> means that someone is <u>able</u> to <u>communicate</u> in <u>two languages</u>.

(3) There are many people who are <u>bilingual</u>. They speak <u>Japanese and English</u> fluently. However, <u>I want to know</u> why they become <u>bilingual.</u> /

(4) I thought <u>people who are bilingual</u> had to be <u>fluent</u> in two languages and <u>speak</u> like <u>native speakers</u> in both languages. /

(5) But many people <u>don't speak</u> like <u>native speakers</u>, but speak both languages. But they speak <u>with confidence.</u> /

(6) I want to know if there are <u>reasons</u>, such as <u>emotions</u> and if they can have an <u>impact</u> on <u>bilingualism.</u> /

(7) I also want to know if <u>other reasons</u>, such as <u>living overseas</u> or <u>living in a place</u> where <u>there were many bilingual people</u>, can <u>make</u> somebody <u>become bilingual.</u> /

(8) Through this <u>research</u>, I want to know about what <u>makes</u> people <u>bilingual</u>. Because in the future, all <u>elementary school</u> children will study English, I want many <u>children</u> to <u>like English</u> and become <u>interested in English.</u> /

**Oral practice**

チャンクした原稿を、少しずつ練習しましょう。クラスメートに聞いてもらうのであれば、チャンクする前の原稿を渡して聞いてもらいましょう。
もちろん、一語一句、正確でなくてOK!

# Unit 8

# Visuals (スライド) の作成

**Objective**

聴衆の印象に残るプレゼンテーションには、Visualsが必要です。そのためには良いVisualsを作成する理由、また会場のどの角度からも読みやすいVisualsの作り方について学びます。

**Task 1** What kind of visuals do you see below?
Which is the visual with text and graphs (or illustrations)?
Which is the visual with text only?
Which is easier to see?

A.

### Findings

1. Education policies of countries A and B stress the development of **communicative and intercultural competences**, and **cultural understanding**. However, the overall objective for English education in A, which is "fostering positive attitudes towards communication through foreign languages" is not mentioned in B.
2. The main motive for B is the **possibility to study abroad, employment opportunities**, and **moving and travelling to another country**. This is not seen in A, as studies and employment do not depend on English competence.
3. Early studies suggested that **communicative teaching** is seen in both countries A and B. However, **grammar-translation** and **team-teaching**, which are practiced in A are not seen in B.

B.

- Based on marital status and jobs, women can be divided into four groups:
  ➢ Career women (CW)
  ➢ Career women turned family women (CWFW)
  ➢ Career and family women (CFW)
  ➢ Career and single mothers (CSM)

Four groups of women

Visualsには、主に次の3種類があります。

- 文字（テキスト）だけ
- 文字（テキスト）とグラフ・表・イラストの組み合わせ
- グラフ・表・イラストだけ

ではVisualsの効果を考えてみましょう。

## 1. 聴衆の記憶に残る

発表内容に沿った見やすいVisualsを提示した発表は、記憶に残ります。

## 2. もう1人の発表者

見やすいVisualsは、発表者以外の「もう1人の発表者」の役割を果たします。

## 3. キーポイントをわかりやすく

Visualsを活用すると、キーポイントを強調できて、わかりやすくなります。

## 4. 複雑なイメージをわかりやすく

Visualsを活用すると、複雑なイメージもわかりやすくなります。

## 5. Visualsをダイナミックに

ほかのアプリケーション（例:ワードやエクセル）と組み合わせたり、インターネットのURLをスライドに埋め込むことで、Visualsをダイナミックにできます。

一般的にプレゼンテーションを聴き終わったあと、どの程度、記憶しているものでしょうか?

- 見たことの20%しか記憶していません。
- 聴いたことはさらに低く、わずか10%しか記憶に残っていません。

しかし、バランスの取れたデザインとレイアウトのVisualsを活用することで、内容の50%まで記憶に残る、とも言われています。

> ではバランスの取れたデザインとレイアウトの Visuals に修正した参考例を紹介しましょう。

## 1. 文字（テキスト）だけ

【修正前】

### Findings

1. Education policies of countries A and B stress the development of **communicative and intercultural competences**, and **cultural understanding**. However, the overall objective for English education in A, which is "fostering positive attitudes towards communication through foreign languages" is not mentioned in B.
2. The main motive for B is the **possibility to study abroad, employment opportunities,** and **moving and travelling to another country**. This is not seen in A, as studies and employment do not depend on English competence.
3. Early studies suggested that **communicative teaching** is seen in both countries A and B. However, **grammar-translation** and **team-teaching**, which are practiced in A are not seen in B.

【問題点】
文字が多すぎて、フォントも小さく、単調で読みにくいスライドです。

【修正後】

### Conclusions

1. **Communicative and intercultural competences and cultural understanding** are important for both countries A and B.
2. **Study abroad, employment opportunities,** and **moving and travelling to another country** are the main motives in country B.
3. **Communicative teaching** is practiced in both countries.
4. **Grammar-translation and team-teaching** are practiced only in country A.

【解決策】
フォントを大きくして、強調する用語を太字にしました。文字の量もちょうどよく、読みやすくなりました。

## 2. 文字（テキスト）とイラストの組み合わせ

（スライド提供　一橋大学博士後期課程　奴久妻駿介氏）

【修正前】

TYPES OF FUSHUGAKU

- Micro-perspective
1. Family intentions
2. Apathy of students
- Macro- and Micro-perspective
3. Lack of ethnic schools for foreigners
- Macro-perspective
4. Problems of transfer

【問題点】
背景色が暗く、読みにくいスライドです。フォントが小さく、左に偏りすぎています。

Unit 8　43

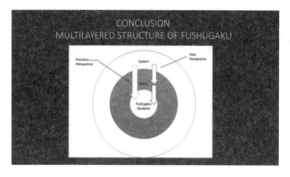

【問題点】
イラストの説明がないため、わかりにくくなっています。

【解決策】
2枚のスライドを組み合わせ、背景色も明るくしました。左右のバランスもよくなり、イラストの説明が入ることで、わかりやすくなりました。

## 3. 文字（テキスト）とグラフの組み合わせ

【修正前】

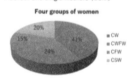

【問題点】
タイトルがなく、フォントも小さいため読みにくいスライドです。右下の余白が大きすぎます。

【修正後】

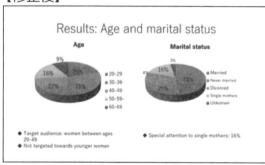

【解決策】
タイトルが入り、円グラフの情報もわかりやすくなりました。2枚のスライドを組み合わせることで、左右のバランスもよくなりました。

**Task 2** スライドの見やすさを考えながら色を選び、作成してみましょう。

- 黄色い背景に黒いフォントがいちばん読みやすい組み合わせです。
- 白い背景に黒いフォントも読みやすい組み合わせです。
- 背景色が黄色、オレンジ、赤などの暖色のスライドだと、落ち着かないこともあります。
- 落ち着かせる効果があるブルーやグリーンを背景色に使ってみましょう。
- 黒いフォントを使うのであれば、背景色が暗くないように注意しましょう。

**Next steps** 次のことに注意しながら、取り組んでいるプレゼンテーションのスライドを作成してみましょう。

- 会場のどの角度からも読めるフォントはArial、またはArial Narrowです。（推奨）
- スライドが多すぎると、会場では読みづらく、プレゼンテーションのスピードについていくのが難しくなります（1枚のスライドを投影するのに適切な時間は1分半ぐらいと言われています）。
- 強調する部分には**太字**を使いましょう。
- 広い会場の後ろからも見えるような、フォントの色やサイズを選びましょう（タイトルのフォントは28、テキストは最低24と言われています）。

## Oral practice

プレゼンテーションのスクリプトに合わせて、スライドも送りながら練習しましょう。教室の離れた場所よりクラスメートにスライドを見てもらい、スクリプトに沿った読みやすいスライドができるよう確認しましょう。

# Delivery & Pronunciation を わかりやすく

**Objective**

印象に残るプレゼンテーションを行うためには、Deliveryに注意を払う必要があります。プレゼンテーションの良いDeliveryを行う方法、またPronunciationの確認および練習方法について学びます。

**Task 1** Listen to the following 3 presentation audio samples. What is necessary to make these presentations better?

**Sample A**

**Sample B**

**Sample C**

聴いて理解してもらえるプレゼンテーションを行うための条件は何でしょう？

**Task 2** What should we pay attention to when we deliver our presentations? Discuss with your classmates.

---

**1. Voice**

Volume?                          Speed?

**2. Gestures and posture**

Hand gestures?                   Body posture?

**3. Eye contact**

In the venue?                    With the audience?

**4. Nervous movement**

Hands?                           Clothes and accessories?

**5. Style of clothes?**

Casual?                          Formal?

---

聴きやすく、理解しやすいプレゼンテーションを行う発表者は、次のことにも注意します。

## 1. 声の質

- プレゼンテーションの最中に、声に変化をつけることは大変重要です。
- 声の大きさ（音量）や話すスピードに変化をつけましょう。

## 2. ジェスチャーと姿勢

- 良いプレゼンテーションでは、目的に応じたジェスチャーが見られます。
- 手振りを使うと、聴衆にもわかりやすく伝わります。また力を抜いて両腕を自然に下ろすと、リラックスしている様子が伝わります。

Unit 9　47

## 3. アイ・コンタクト (視線)

- 会場の広さにもよりますが、できるだけ多くのの聴衆とアイ・コンタクトを取りましょう。
- プレゼンテーションに対し、聴衆がどのように反応するかなど理解できます。
- どのようなシチュエーションで聴衆が関心を示すか、なども判断できます。

## 4. 動き

プレゼンテーションの最中では、次の動きは極力避けましょう。
- 演台を両手で掴む
- ポケットに手を入れる
- 両腕を組む
- ネクタイやアクセサリーを触る

## 5. 服装

学生も正装してプレゼンテーションに臨むと、聴衆に発表者の存在感と「本気度」が伝わります。

> 次に、発音も確認しましょう。

**Task 3** 準備中のプレゼンテーションで、苦手な発音の語彙は?

1. 

2. 

3. 

4. 

5. 

　多くの発表者はプレゼンテーションのスクリプトをパソコンで打つ、また手書きで作成します。初見の語彙の発音を必ずしも知っているわけではありません。
　そのような時は、音声機能つきの電子辞書やインターネットの辞書のサイト（例えば、https://www.merriam-webster.com など）で、必ず発音を確認しましょう。

発音を調べずにプレゼンテーションすると、発表内容が伝わらない、という残念なこともあります。

　スペリングが長く、また普段使わない専門用語であれば、一層、発音に注意する必要があります。

　書いた文章も声を出して読みながら、言葉に詰まるようであれば、スムーズに言える表現に置き換えてみましょう。

### Tongue Twisters
発音の練習に効果があるのが、英語の早口言葉の練習です。
日本人が苦手とする音が含まれるものを紹介します。

"Red lorry, yellow lorry"

"Freshly fried fresh flesh"

"Vivian believes violent, violet bugs have very big value"

"He threw three free throws"

インターネットでも早口言葉のサイトがありますので、練習してみましょう。
https://learnenglishkids.britishcouncil.org/en/tongue-twisters
http://www.tongue-twister.net/en.htm
http://download-esl.com/tonguetwisters/easy/easytongue.html （音声つき）
https://reallifeglobal.com/improve-english-pronunciation-tongue-twisters/
（音声つき）

### Short and simple sentences
発音しやすいプレゼンテーションに不可欠な、簡潔な文章を目指すためのヒントを紹介します。

- **文章は短いほうが発音しやすく、聞き取りやすくなります。**

- **文章が長すぎるようであれば、15 ワードぐらいで区切りましょう。**

- **名詞よりも動詞を**

　（例）　When you take into consideration ...　　→ When you <u>consider</u> ...
　　　　　This gives you the possibility to do XYZ ...　→ This <u>means</u> you can do XYZ ...
　　　　　　　　　　　　　　　　　　　　　　　This <u>allows</u> you to do XYZ ...

Unit 9　49

- **感情を示す形容詞は最小限に**

（例）　exciting, great, amazing, surprising, beautifulではなく
outstanding, major, enormous, considerable, substantialなどを使う。

- **受動態ではなく能動態を**

（例）　It can be concluded that ...　　　→ I conclude that ...
It was found ...　　　　　　　　→ I found...
Factor analysis was used ...　　→ I used factor analysis...

- **専門用語の説明を**

（例）　Language attrition means one's loss of a language.

- **具体的な数字を**

（例）　In Japan <u>many</u> foreign children do not attend school. →
In Japan, about <u>12,000</u> non-Japanese children do not attend school.

**Next steps** 次のことに注意しながら、プレゼンテーションのスクリプトを作成しましょう。
- 発音しやすい語彙を選び、文章を書きましょう。
（例）　I would like to give a presentation on ... （書きことばで言いにくい）
I would like to talk about ... （話しことばで言いやすい）
- 文章が長すぎないように。
- 語彙の発音を確認しましょう。

**Oral practice**

簡潔に修正したプレゼンテーションのスクリプトに合わせて、スライドも送りながら練習しましょう。クラスメートにプレゼンテーションを聴いてもらい、発音など注意する点も確認しましょう。

# Questions & Answers：基礎編

**Objective**

プレゼンテーションの終了後に行われる質疑応答に備え、想定される質問や、その答え方について学びます。またこれらの質問の尋ね方を知ると、他の発表者のプレゼンテーションを聴いた後で、質問をすることもできます。

## Task 1

**これまでプレゼンテーションを聴いたあと、発表者に質問をしたことがありますか？**
（Yes / No）

**どのような質問を尋ねましたか？**

**発表者の答えには説得力がありましたか？**

質問には、大きく分けて２種類あります。

## 1. 低次の質問

記憶や知識の再生に関連し、深い思考が求められない質問

## 2. 高次の質問

思考に関連し、深い思考が求められるような認知レベルが高い質問

Unit 10 の基礎編では低次の質問を、そしてUnit 11と Unit 12 の応用編では高次の質問を扱います。

低次の質問には、次のような種類があります。

- Remembering questions
- Understanding questions

## 【Remembering questions】

目的：記憶より知識を引き出し、事実等を思い出すこと

What is ...?
How is ...?
Where is ...?
Why did ...?
Which one...?
Who ...?

### Remembering question をつくるためのヒント：

- Remembering question の答えは大抵、プレゼンテーションの内容にあります。
- 聴いたプレゼンテーションの内容について 5W & 1H を使った質問をしてみましょう。（例：専門用語、団体名、データ、人名など）

## 【Understanding questions】

目的：自らのことばで要約・説明・比較させることで他者の理解を確認する

What is a (an) ...?
What does _____ mean?
What is an example of ...?
How did _____ happen?

Unit 10　53

**Understanding question をつくるためのヒント：**

- Understanding question の答えは、必ずしもプレゼンテーションの内容に
 あるとは限りません。
- プレゼンテーションだけでは充分に理解できなかった概念・用語などに関する
 質問を Understanding question を活用して尋ねてみましょう。

Remembering や Understanding のような低次の質問でも、時間がかからずに
質問ができるようになるまで、練習を重ねる必要があります。また読み物のテーマ
によって、質問の内容も変わります。英語での質問ができるようになるためにも、
時間をかけて取り組みましょう。

**Task 2**　【Practice】以下のパラグラフを読み、Remembering questions と、
Understanding questions を作ってみましょう。

> In the United States, there are different types of bilingual education programs. In some public schools, there are students who are enrolled in what is called a bilingual classroom, but they receive instruction in their first language. The teachers speak the first language of the students, such as Spanish or Chinese. This is to ensure that they develop their cognitive knowledge in their mother tongue first, as this is said to make the transition to English easier. In another type of bilingual program, teachers work with students who come from homes where English is not the home language. In such classrooms, teachers who have received special training to use English to teach non-English speaking students teach in a different way they would teach native English speakers. Nevertheless, there are different factors which influence what kind of bilingual education program that is available for non-English speaking students. First, the needs of a community plays a major role in having a bilingual classroom for the students. Also, there need to be teachers who can provide the instruction – teachers who speak the first language of the students with special language needs. Furthermore, these teachers need to be trained as teachers first, and then in how to teach in the students' first language.

**1. Write 2 Remembering questions.**

**2. Write 2 Understanding questions.**

**Task 3** 3人でグループを作り、少人数のディスカッションを行いましょう。
その時、Task 2で作った質問も交え、以下に注意しながら質問をしましょう。

- 最初から質問をするのではなく、まずは内容の理解を確認するために簡単なサマリーを話しましょう。

- 交代に質問をし、他のメンバーが答えましょう。

- Remembering や Understanding questions に限定せず、他の質問もしてみましょう。

**Next steps** 自分が準備しているプレゼンテーションの原稿を読み返しUnit 10 で紹介した2種類の質問をいくつか作ってみましょう。そうすると自分の発表内容の確認もできるようになります。

## Remembering questions (and answers)

Q:

A:

Q:

A:

Q:

A:

## Understanding questions (and answers)

Q:

A:

Q:

A:

Q:

A:

## Oral practice

クラスメートにプレゼンテーションを聴いてもらいましょう。その後、2種類の質問を尋ねてもらい、それに対して答えましょう。
その後、クラスメートのプレゼンテーションを聴き、同じように2種類の質問を尋ね、答えてもらいましょう。

# Questions & Answers：応用編 (1)

**Objective**

応用編ではプレゼンテーションの終了後に行われる質疑応答に備え、想定される質問や、その答え方について学びます。

## Task 1　Try to remember ...

**Remembering question とは、どのような質問でしょうか？**

**Understanding question とは、どのような質問でしょうか？**

Unit 10 でも見たように、質問には、大きく分けて2種類あります。

## 1. 低次の質問

記憶や知識の再生に関連し、深い思考が求められない質問

## 2. 高次の質問

思考に関連し、深い思考が求められるような認知レベルが高い質問

高次の質問には、次の3種類があります。

- Analyzing questions
- Evaluating questions
- Creating questions

Unit 11の応用編 (1) では、複雑だと言われる Analyzing questions を扱います。なぜ Analyzing questions が複雑かと言うと、以下のように多くの目的を持っているためです。

## 【Analyzing questions】

目的：情報を細分化し、他の情報との関連性を探ること
How would you categorize ...?
What is the relationship between ___ and _____ ?
What is the purpose of _____?
How are ___ and ___ similar?
How are ___ and ___ different?
What is the problem with _____?
What is the cause of _____?
What is the result of _____?

58

**Analyzing questionをつくるためのヒント：**

Analyzeには、次のことを考える認知活動が含まれます。

- 分類する (How would you categorize ...? )
- 関連性について考える (What is the relationship between ＿＿ and ＿＿＿ ?)
- 目的を見出す (What is the purpose of ＿＿＿＿＿?)
- 類似点をあげる (How are ＿＿ and ＿＿ similar?)
- 相違点をあげる (How are ＿＿ and ＿＿ different?)
- 問題点をあげる (What is the problem with ＿＿＿＿?)
- 原因について話す (What is the cause of ＿＿＿＿?)
- 結果について話す (What is the result of ＿＿＿＿?)

---

### Take your time

Analyzing questions を作る際、前提として質問することに関する基礎知識があることで、質問しやすくなります。そのためにも Remembering question や Understanding question を活用しながら、低次の質問で基本的な内容を確認しましょう。

また Analyzing questions をつくるためのヒントでも書かれていますが、あらゆることについて質問できます。そのため質問するのも、答えるのにも時間がかかります。しかし時間をかけることで、思考がより深まります。

*Be patient with yourself*

---

**Task 2** 【Practice】以下のパラグラフを読み、Remembering, Understanding, そして Analyzing questions を作ってみましょう。

In the United States, there are different types of bilingual education programs. In some public schools, there are students who are enrolled in what is called a bilingual classroom, but they receive instruction in their first language. The teachers speak the first language of the students, such as Spanish or Chinese. This is to ensure that they develop their cognitive knowledge in their mother tongue first, as this is said to make the transition to English easier. In another type of bilingual program, teachers work with students who come from homes where English is not the home language. In such classrooms, teachers who have received special training to use English to teach non-English speaking students teach in a different way they would teach native English speakers.

Nevertheless, there are different factors which influence what kind of bilingual education program that is available for non-English speaking students. First, the needs of a community plays a major role in having a bilingual classroom for the students. Also, there need to be teachers who can provide the instruction – teachers who speak the first language of the students with special language needs. Furthermore, these teachers need to be trained as teachers first, and then in how to teach in the students' first language.

**1. Write 2 <u>new</u> Remembering questions.**

**2. Write 2 <u>new</u> Understanding questions.**

**3. Write 2 Analyzing questions.**

| Task 3 | 3人でグループを作り、少人数のディスカッションを行いましょう。その時、Unit 10のTask 2も含め、Unit 11のTask 2で作った質問も交え、以下に注意しながら質問をしましょう。 |

- 最初から質問をするのではなく、まずは内容の理解を確認するために簡単なサマリーを話しましょう。

- 交代に質問をし、他のメンバーが答えましょう。

- RememberingやUnderstandingに限定せず、Analyzing questionsも含む他の質問もしてみましょう。

| Next steps | 自分が準備しているプレゼンテーションの原稿を読み返しUnit 11で紹介した質問をいくつか作ってみましょう。自分の発表内容の確認もできるようになります。 |

## Remembering questions (and answers)

Q:

A:


Q:

A:


## Understanding questions (and answers)

Q:

A:


Q:

A:

## Analyzing questions (and answers)

Q: _____

A: _____

Q: _____

A: _____

## Oral practice

クラスメートにプレゼンテーションを聴いてもらいましょう。その後、3種類の質問
を尋ねてもらい、それに対して答えましょう。

その後、クラスメートのプレゼンテーションを聴き、同じように3種類の質問を尋ね、
答えてもらいましょう。

# Questions & Answers：応用編 (2)

**Objective**

プレゼンテーションの終了後に行われる質疑応答に備え、想定される質問や、その答え方について学ぶ応用編の続きです。

## Task 1　Try to remember ...

**Remembering questionとは、どのような質問でしょうか？**

**Understanding questionとは、どのような質問でしょうか？**

**Analyzing questionとは、どのような質問でしょうか？**

63

Unit 11の応用編ではAnalyzing questionsを扱いましたが、ここでは残り2種類の高次の質問を見ましょう。

- Evaluating questions
- Creating questions

## 【Evaluating questions】

目的：情報に関する価値判断を下し、意見を提示すること

Do you agree with the actions of _____?

What is your opinion on _____?

What is the importance of _____?

What choice would you have made?

Which would be better, _____ or _____?

### Evaluating questionにつくるためのヒント：

- 意見を質問するほかに、反対意見を検討したかどうかを確認するためにEvaluating questionsを尋ねます。
- Evaluating questionsを尋ねる以上に難しいのが、その質問に答えることです。予備知識を持った上で、答えに臨みましょう。

Evaluating questions では質問を作ることよりも、質問に答えるほうが難しくなります。なぜならば、自分の意見を問われるからです。知識がない、あるいは知識が少ないことに対して、意見を求められると答えられない可能性もあります。そのためにもRemembering や Understanding questionsのみならず、Analyzing questionsで考えたあと、自分の意見を言い、また他者に意見を尋ねることができれば良いでしょう。

## 【Creating questions】

目的：情報を統合し、解決策を提案する。タスクの完成ために手順を作成する。そして、新しい商品を開発・製作すること。

How many ways can you create _____?

How can _____ be used to create _____?

How could _____ be improved?

Can you think of an original way for _____?

Can you make a model that would change _____?

### Creating questionをつくるためのヒント：

- Creating questionsでは、自分のプレゼンテーションの内容からさらに発展した質問を作ります。その際、Evaluating questions などの意見にもとづいて、解決策や新しい手順・商品などを考えることも可能です。
- プレゼンテーションに登場するキーワードをいくつか用意しておきましょう。

**Task 2** 【Practice】以下のパラグラフを読み、Remembering, Understanding, さらに Analyzing, Evaluating, そして Creating questionsを作ってみましょう。

In the United States, there are different types of bilingual education programs. In some public schools, there are students who are enrolled in what is called a bilingual classroom, but they receive instruction in their first language. The teachers speak the first language of the students, such as Spanish or Chinese. This is to ensure that they develop their cognitive knowledge in their mother tongue first, as this is said to make the transition to English easier. In another type of bilingual program, teachers work with students who come from homes where English is not the home language. In such classrooms, teachers who have received special training to use English to teach non-English speaking students teach in a different way they would teach native English speakers. Nevertheless, there are different factors which influence what kind of bilingual education program that is available for non-English speaking students. First, the needs of a community plays a major role in having a bilingual classroom for the students. Also, there need to be teachers who can provide the instruction – teachers who speak the first language of the students with special language needs. Furthermore, these teachers need to be trained as teachers first, and then in how to teach in the students' first language.

### 1. Write 2 Remembering or 2 Understanding questions.

**2. Write 2 <u>new</u> Analyzing questions.**

**3. Write 2 Evaluating questions.**

**4. Write 2 Creating questions**

---

**Task 3** 3人でグループを作り、少人数のディスカッションを行いましょう。その時、Unit 10および11の質問、そしてUnit 12のTask 2で作った質問も交え、以下に注意しながら質問をしましょう。

- 最初から質問をするのではなく、まずは内容の理解を確認するために簡単なサマリーを話しましょう。

- 交代に質問をし、他のメンバーが答えましょう。

- このリーディングに関するディスカッションは3回目にあたりますので、内容に詳しくなったことでしょう。Evaluating やCreating questionsも含む、多くの質問を自由にしましょう。

**Next steps** 自分が準備しているプレゼンテーションの原稿を読み返しUnit 12で紹介した質問をいくつか作ってみましょう。自分の発表内容の確認もできるようになります。

## Remembering questions (and answers)

Q:

A:

Q:

A:

## Understanding questions (and answers)

Q:

A:

Q:

A:

## Analyzing questions (and answers)

Q:

A:

Q:

A:

## Evaluating questions (and answers)

Q: _____

A: _____

Q: _____

A: _____

## Creating questions (and answers)

Q: _____

A: _____

Q: _____

A: _____

## Oral practice

クラスメートにプレゼンテーションを聴いてもらいましょう。その後、Evaluating questionsやCreating questionsも含む質問を尋ねてもらい、それに対して答えましょう。
その後、クラスメートのプレゼンテーションを聴き、同じように質問を尋ね、答えてもらいましょう。

# Next steps

**Objective**

プレゼンテーションの終了後、次のステップに進むにあたり、プレゼンテーションの評価を学ぶことでパフォーマンスを振り返り、今後のプレゼンテーションの改善につなげましょう。

**Task 1** 【Evaluate these presentations】
次の3本の動画を観て、プレゼンテーションの良い点と改善すべき点を確認しましょう。

**改善すべき点をまとめた動画**
https://www.youtube.com/watch?v=ATfY8dvbuFg

**良い点をまとめた動画**
https://www.youtube.com/watch?v=5utoLhjUuAI

**改善すべき点と良い点を一本にまとめた動画**
https://www.youtube.com/watch?v=S5c1susCPAE

本書では、プレゼンテーションの準備から実践までのステップを紹介しています。重要な点を振り返り、今後のプレゼンテーションの改善につながるチェックリストで自己評価しましょう。

## 1. 発表の方法 (Unit 1 & 2)

- 現在のTopicの研究に沿った発表だったでしょうか？（研究段階によっては、口頭発表よりもポスター発表がふさわしいものもあります。）

## 2. Abstract (Unit 3)

- AbstractはコンパクトにIntroduction, Background, Methods, Results, Conclusionが書かれているでしょうか？
- 字数制限（200から300ワード）を守っていますか？

## 3. Introduction (Unit 4)

- Introductionでは、背景や問題提起、そして研究目的に触れていますか？

## 4. Body (Unit 5)

- Bodyでは、参加者、研究方法、そして結果を紹介していますか？

## 5. Conclusion (Unit 6)

- Conclusionでは、わかりやすく結論をまとめていますか？

## 6. Chunking (Unit 7)

- Chunkingすることでスクリプトをなるべく読まないようにしていますか？
- 暗記せずに、自然にプレゼンテーションの内容を伝えていますか？

## 7. Visuals (Unit 8)

- テキストとイラストを適切に組み合わせていますか？
- テキストだけならば、テキストの量が多くならないようにしていますか？
- 背景色とフォントの色のバランスは良いですか？
- 会場の後ろの席から見ても、内容は読めますか？

## 8. Delivery & Pronunciation (Unit 9)

- 声は通っていましたか？
- わかりやすいペースで話せましたか？
- 自然なジェスチャーを交え、また良い姿勢で話せましたか？
- アイ・コンタクトはできましたか？
- 自然な動きでしたか？
- プレゼンテーションにふさわしい服装でしたか？

## 9. Questions & Answers (Units 10, 11 & 12)

- プレゼンテーションの内容に沿って様々な種類の質問を想定しましたか？

**Task 2**　【Evaluate yourself】
自分のプレゼンテーションの動画を撮影して、パフォーマンスをチェックしましょう。

| 良い点 |
| --- |
|  |

| 改善する点 |
| --- |
|  |

**Always look for the good!**

とかく自分に対して厳しくなりがちな私たちは、悪い点ばかりが目につきます。そうなると良い点に対する評価が低くなります。練習を重ねながら良い部分を少しずつ伸ばすことも忘れずに取り組みましょう！

*Practice makes perfect!*

## Oral practice

次のチェックリストを参考にしながら、自分のプレゼンテーションをクラスメートに評価してもらいましょう。

| You | Topic | 3 … 2 … 1 | Visuals | 3 … 2 … 1 |
|---|---|---|---|---|
| | Introduction | 3 … 2 … 1 | Delivery | 3 … 2 … 1 |
| | Body | 3 … 2 … 1 | Pronunciation | 3 … 2 … 1 |
| | Conclusion | 3 … 2 … 1 | Questions & Answers | 3 … 2 … 1 |
| Classmate | Topic | 3 … 2 … 1 | Visuals | 3 … 2 … 1 |
| | Introduction | 3 … 2 … 1 | Delivery | 3 … 2 … 1 |
| | Body | 3 … 2 … 1 | Pronunciation | 3 … 2 … 1 |
| | Conclusion | 3 … 2 … 1 | Questions & Answers | 3 … 2 … 1 |
| Comments | | | | |

**音声ファイルのダウンロード方法**

英宝社ホームページ (http://www.eihosha.co.jp/) の
「テキスト音声ダウンロード」バナーをクリックすると、
音声ファイルダウンロードページにアクセスできます。

**Steps to Academic Presentations**
アカデミック・プレゼンテーションへの第一歩

2019年1月15日　初版

著　者　©　武　田　礼　子
　　　　　　Mira Simic-Yamashita
　　　　　　八　島　智　子

発行者　佐　々　木　元

発行所　株式会社　英　宝　社
〒101-0032 東京都千代田区岩本町2-7-7
Tel.［03］(5833) 5870　Fax.［03］(5833) 5872

ISBN978-4-269-66043-4 C3582
［組版：㈱マナ・コムレード/印刷：㈱マル・ビ/表紙デザイン：興亜産業 ㈱/製本：㈲井上製本所］

本テキストの一部または全部を、コピー、スキャン、デジタル化等での
無断複写・複製は、著作権法上での例外を除き禁じられています。
本テキストを代行業者等の第三者に依頼してのスキャンやデジタル化は、
たとえ個人や家庭内での利用であっても著作権侵害となり、著作権法上
一切認められておりません。